NATIONAL
GEOGRAPHIC
KiDS

MON GRAND LIVRE DE

ROCHES, MINÉRAUX ET COQUILLAGES

Moira Rose Donohue

Texte français du
Groupe Syntagme Inc.

SCHOLASTIC

TABLE DES MATIÈRES

INTRODUCTION

Ce livre fait découvrir aux lecteurs le monde fascinant des roches, des minéraux et des coquillages. Il répond à des questions telles que « Que sont les roches et les minéraux? », « Comment se forment-ils? » ou encore « Pourquoi l'animal à l'intérieur d'une coquille d'huître fabrique-t-il une perle? ». Le premier chapitre introduit le sujet des roches, des minéraux et des coquillages. Les deux chapitres suivants donnent des exemples de roches et de minéraux communs et plus rares, et le dernier chapitre présente une sélection de coquillages du monde entier. Ce livre, qui renferme des jeux et des activités, apprend aux jeunes enfants à identifier un large éventail de roches, de minéraux et de coquillages.

LE CHAPITRE UN explique d'abord ce qui définit une roche et un coquillage. Les lecteurs apprennent que la plupart des roches sont constituées d'un ou de plusieurs minéraux, et que la plupart des coquillages sont les squelettes extérieurs durs d'animaux appelés mollusques.

LE CHAPITRE DEUX présente un large éventail de roches, allant du granite au grès en passant par l'ardoise. Il permet de découvrir comment ces roches se forment et comment elles apparaissent à la surface de la Terre. Un jeu se trouve à la fin de ce chapitre : une carte montrant plusieurs magnifiques formations rocheuses naturelles, comme El Capitan et la Chaussée des Géants, ainsi que des bâtiments et statues célèbres constitués de roche.

LE CHAPITRE TROIS explore le vaste monde des minéraux. Il décrit les propriétés de certains minéraux, la manière dont ils se forment et leurs usages courants. On y parle aussi des minéraux qui deviennent des pierres précieuses éclatantes lorsqu'ils sont polis.
Un jeu amusant conclut ce chapitre.

LE CHAPITRE QUATRE présente une variété de jolis coquillages que les jeunes lecteurs pourraient trouver sur la plage. Il décrit également les mollusques qui vivent dans ces coquilles, comme les univalves et les bivalves. Il explique comment ces animaux se nourrissent et se déplacent, et dévoile les qualités de certains mollusques très spéciaux, comme le cône géographe, qui peut avaler un poisson entier. Ce chapitre se termine par une carte de jeu mettant en vedette plusieurs de ces créatures.

COMMENT UTILISER CE LIVRE

À chaque page, des **PHOTOGRAPHIES COLORÉES** illustrent le texte. La remarquable diversité des roches, des minéraux et des coquillages est bien mise en valeur.

Les **ENCADRÉS « INFOS »** donnent aux lecteurs un aperçu de chaque roche ou minéral présenté : sa couleur, sa texture et sa dureté. Les encadrés qui concernent les coquillages indiquent la couleur, la taille et le type de mollusque qui vit à l'intérieur ainsi que les endroits où on les trouve habituellement.

LE BASALTE
Cette roche d'un gris foncé était auparavant rouge et incandescente!

Le magma, c'est-à-dire le liquide brûlant à l'intérieur de la Terre, sort parfois d'un volcan. Ces éruptions volcaniques peuvent se produire à la surface de la Terre ou sous l'eau.

Lorsque le magma atteint la surface de la Terre, il est appelé lave. Quand un certain type de lave s'écoule d'un volcan et refroidit rapidement, elle forme du basalte en durcissant.

FAITS
BASALTE

TYPE
ignée

COULEUR
gris foncé à noir

TEXTURE
fine

IL ARRIVE QUE LA LAVE DE BASALTE FORME DES RIDES. COMME CECI, ELLE EST ALORS APPELÉE LAVE BASALTIQUE PÂHOEHOE.

ON IDENTIFIE UNE ROCHE PAR SA TEXTURE, OU LA SENSATION AU TOUCHER : LISSE, FINE (GRANULEUSE), MOYENNE, GROSSIÈRE (RUGUEUSE) OU POREUSE (PLEINE DE TROUS).

20

ROCHES EN VEDETTE

LA CHAUSSÉE DES GÉANTS

Des milliers de colonnes de basalte formées il y a des millions d'années se dressent sur la Chaussée des Géants, en Irlande du Nord. Elles ressemblent à des escaliers géants construits pour de gigantesques créatures!

QUEL EST LE PLUS HAUT ESCALIER QUE TU AIES GRAVI?

21

Des **QUESTIONS INTERACTIVES** dans chaque section aident à amorcer des discussions sur le sujet abordé.

Des **BULLES** ici et là fournissent des informations complémentaires sur les roches, les minéraux et les coquillages présentés dans chaque section.

À la fin du livre, il y a des **CONSEILS POUR LES PARENTS,** des activités amusantes en lien avec les roches, les minéraux et les coquillages ainsi qu'un **GLOSSAIRE** très utile.

CHAPITRE UN
REGARDE PAR TERRE!

COQUILLAGES ET PIERRES
SUR UNE PLAGE DE CAPE COD
(MASSACHUSETTS), AUX ÉTATS-UNIS.

La prochaine fois que tu iras dehors, regarde par terre. Tu trouveras peut-être une pierre lisse ou un coquillage brillant. Dans ce chapitre, tu apprendras ce qui fait qu'une roche est une roche et qu'un coquillage est un coquillage.

FAITS SOLIDES AU SUJET DES ROCHES, DES MINÉRAUX ET DES COQUILLAGES

Des hautes montagnes aux cailloux à tes pieds, les roches sont partout. Elles peuvent être grosses ou petites, brillantes ou ternes, lisses ou rugueuses. La plupart sont dures. Certaines le sont moins et peuvent s'effriter dans ta main.

Presque toutes les roches sont composées de minéraux. Les minéraux sont des matières solides que l'on trouve dans la nature et qui ne sont pas des plantes, des animaux ou d'autres êtres vivants. Le sel et l'or sont tous deux des minéraux. Certaines roches sont composées d'un seul minéral. D'autres combinent plusieurs minéraux.

REGARDE PAR TERRE!

UN SCIENTIFIQUE QUI ÉTUDIE ET IDENTIFIE LES ROCHES S'APPELLE UN GÉOLOGUE.

Sur la rive d'un océan ou d'une rivière, tu pourrais voir des coquillages à tes pieds. Un coquillage, c'est le squelette extérieur dur des escargots et des animaux marins tels que les palourdes et les huîtres. Ces animaux sont appelés mollusques.

UN SCIENTIFIQUE QUI ÉTUDIE LES MOLLUSQUES S'APPELLE UN CONCHYLIOLOGUE.

La coquille protège le mollusque qui l'habite. Quand une coquille s'échoue sur une rive, c'est généralement parce que le mollusque n'est plus à l'intérieur.

LES ANIMAUX QUI ONT UNE COQUILLE NE SONT PAS TOUS DES MOLLUSQUES. LES TORTUES ONT UNE COQUILLE, APPELÉE CARAPACE, MAIS CE SONT DES REPTILES.

Dans ce livre, tu apprendras à connaître les coquillages que tu pourrais voir sur une plage près de chez toi et ceux que l'on trouve sur des plages éloignées. Tu découvriras les roches que tu pourrais apercevoir dans ton quartier et celles qui forment d'énormes montagnes.

CHAPITRE DEUX
ROCHES EN VEDETTE

VALLÉE DES DIX PICS
(ALBERTA), CANADA

Dans ce chapitre, tu découvriras comment les roches se forment et tu en apprendras plus sur celles qui se sont formées sous l'eau, celles qui flottent, celles qui étaient autrefois un liquide rouge et bouillant, et même sur celles venues de l'espace!

ENTRONS DANS LA MINE

Il existe trois types de roches : ignées, sédimentaires et métamorphiques. Elles tiennent leur nom de la manière dont elles se sont formées.

Les roches ignées se forment à partir du magma, le liquide brûlant enfermé à l'intérieur de la Terre. Parfois, le magma remonte à la surface et devient ce qu'on appelle de la lave. Quand la lave refroidit, elle durcit et devient une roche.

LA TOUR DU DIABLE DANS LE WYOMING, AUX ÉTATS-UNIS, EST FAITE DE ROCHES IGNÉES QUI SE SONT FORMÉES QUAND LE MAGMA S'EST REFROIDI.

TOUR DU DIABLE

VOLCAN ACATENANGO, GUATEMALA

PARFOIS, QUAND LA LAVE REFROIDIT, ELLE FORME UNE MONTAGNE ROCHEUSE QUE L'ON APPELLE UN VOLCAN.

Les roches sédimentaires se forment lorsque des morceaux de roche appelés sédiments se détachent d'autres roches et sont emportés au loin par la pluie et le vent. Ces sédiments s'accumulent là où le terrain est creux, comme dans les vallées et les lits de rivière. Au fil du temps, ces morceaux de roche se compriment et de nouvelles roches se forment.

PLAGE PEBBLE BEACH, LAC SUPÉRIEUR (ONTARIO), CANADA

La surface de la Terre, ou croûte terrestre, est composée de larges plaques de roche appelées plaques tectoniques. Il peut arriver que ces plaques se déplacent et se pressent lentement les unes contre les autres. Ce mouvement crée de la chaleur et de la pression, qui transforment les roches en de nouvelles roches que l'on nomme roches métamorphiques.

La plupart des roches métamorphiques se forment dans les profondeurs de la Terre. Avec le temps, elles sont repoussées à la surface, où on peut les voir.

LA CHALEUR ET LA PRESSION À L'INTÉRIEUR DE LA TERRE PEUVENT FAIRE FONDRE LES ROCHES. DU SOMMET D'UN VOLCAN, UN SCIENTIFIQUE REGARDE CETTE ROCHE FONDUE, AUSSI APPELÉE LAVE, À L'INTÉRIEUR DE CELUI-CI.

LE CYCLE DES ROCHES

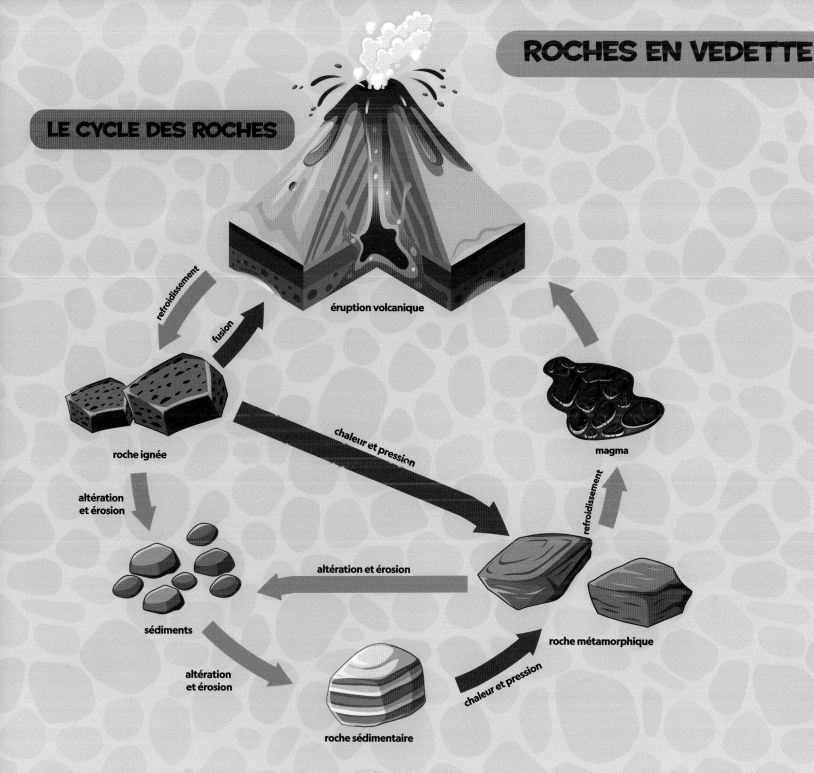

refroidissement

fusion

éruption volcanique

chaleur et pression

magma

roche ignée

altération et érosion

refroidissement

altération et érosion

sédiments

roche métamorphique

altération et érosion

chaleur et pression

roche sédimentaire

Les roches changent constamment. Par exemple, le vent et l'eau fragmentent les roches en petits morceaux. Quand ces petits morceaux sont comprimés ensemble, ils forment une nouvelle roche. Il peut s'écouler des milliers d'années avant qu'une roche se transforme en une autre. Les scientifiques appellent ce processus le cycle des roches.

LE BASALTE

Cette roche d'un gris foncé était auparavant rouge et incandescente!

Le magma, c'est-à-dire le liquide brûlant à l'intérieur de la Terre, sort parfois d'un volcan. Ces éruptions volcaniques peuvent se produire à la surface de la Terre ou sous l'eau.

Lorsque le magma atteint la surface de la Terre, il est appelé lave. Quand un certain type de lave s'écoule d'un volcan et refroidit rapidement, elle forme du basalte en durcissant.

FAITS

BASALTE

TYPE
ignée

COULEUR
gris foncé à noir

TEXTURE
fine

IL ARRIVE QUE LA LAVE DE BASALTE FORME DES RIDES, COMME CECI. ELLE EST ALORS APPELÉE LAVE BASALTIQUE PĀHOEHOE.

ON IDENTIFIE UNE ROCHE PAR SA TEXTURE, OU LA SENSATION AU TOUCHER : LISSE, FINE (GRANULEUSE), MOYENNE, GROSSIÈRE (RUGUEUSE) OU POREUSE (PLEINE DE TROUS).

LA CHAUSSÉE DES GÉANTS

Des milliers de colonnes de basalte formées il y a des millions d'années se dressent sur la Chaussée des Géants, en Irlande du Nord. Elles ressemblent à des escaliers géants construits pour de gigantesques créatures!

QUEL EST LE PLUS HAUT ESCALIER QUE TU AIES GRAVI?

21

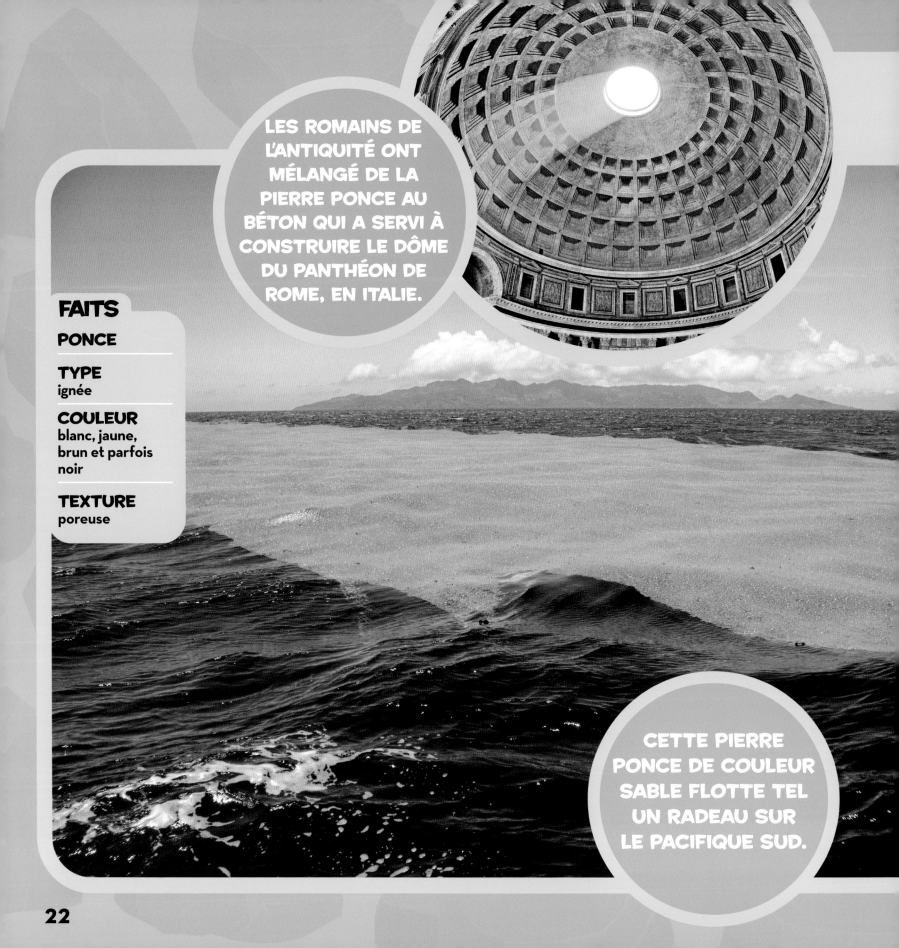

LES ROMAINS DE L'ANTIQUITÉ ONT MÉLANGÉ DE LA PIERRE PONCE AU BÉTON QUI A SERVI À CONSTRUIRE LE DÔME DU PANTHÉON DE ROME, EN ITALIE.

FAITS

PONCE

TYPE
ignée

COULEUR
blanc, jaune, brun et parfois noir

TEXTURE
poreuse

CETTE PIERRE PONCE DE COULEUR SABLE FLOTTE TEL UN RADEAU SUR LE PACIFIQUE SUD.

LA PIERRE PONCE

Cette roche est si légère qu'elle flotte!

As-tu déjà secoué une canette de boisson gazeuse? Lorsque tu l'ouvres, de la mousse gicle. Parfois, les volcans explosent si rapidement que la lave se remplit de bulles de gaz, comme un soda pétillant. Quand la lave mousseuse refroidit et durcit, elle forme une roche pleine de trous appelée pierre ponce.

LE MONT SAINT HELENS

L'éruption, en 1980, du mont Saint Helens dans l'État de Washington, aux États-Unis, a laissé sur le sol des champs de pierres ponces. De plus, la pierre ponce flotte sur l'eau parce qu'il y a beaucoup de gaz emprisonné à l'intérieur. Un volcan sous-marin près des îles Tonga, dans le Pacifique Sud, a donné naissance à un champ de pierres ponces flottantes.

AS-TU DÉJÀ FLOTTÉ SUR L'EAU? UTILISAIS-TU QUELQUE CHOSE POUR T'AIDER À FLOTTER?

LE GRANITE

On trouve cette roche bien connue sur tous les continents.

Le granite se développe lorsque le magma refroidit lentement sous la terre. Le magma durcit en une roche bien avant de remonter à la surface. Des minéraux comme le quartz forment de grands cristaux à l'intérieur de cette roche.

FAITS

GRANITE

TYPE
ignée

COULEUR
blanc, gris clair, rose, rouge

TEXTURE
grossière

UN ANCIEN MONUMENT ÉGYPTIEN, L'OBÉLISQUE DU LATRAN, SE TROUVE MAINTENANT À ROME, EN ITALIE. IL EST FAIT DE GRANITE ROUGE PROVENANT D'ÉGYPTE.

LE MONT KATAHDIN (MAINE), ÉTATS-UNIS

Pendant des millions d'années, la pluie et le vent ont usé les roches et le sol à la surface de la Terre. Le granite en dessous a ainsi été exposé.

Parfois, la pression ou encore un mouvement dans les profondeurs de la Terre peuvent faire remonter le granite à la surface. L'impressionnante formation rocheuse de granite nommée El Capitan, dans le parc national de Yosemite, en Californie, aux États-Unis, s'est formée sous terre. Il y a environ 10 millions d'années, un mouvement des plaques tectoniques a poussé les roches vers le haut. De hautes montagnes comme le mont Katahdin, dans le Maine, aux États-Unis, sont également faites de granite.

EL CAPITAN

UNE PARTIE DE LA GRANDE MURAILLE DE CHINE EST FAITE DE GRANITE.

Le granite est l'une des roches les plus dures au monde. On peut s'en servir pour construire des structures géantes, comme le temple de Brihadesvara, en Inde, ou le polir pour fabriquer des choses plus petites, comme des comptoirs de cuisine.

LE GRANITE FORME PARFOIS UNE LARGE STRUCTURE APPELÉE BATHOLITE.

LE TEMPLE DE BRIHADESVARA

UN BATHOLITE EN IDAHO, ÉTATS-UNIS

27

LE TUF

Le tuf est une roche très légère!

Boum! Certaines éruptions volcaniques sont comme de grosses explosions. De la cendre, de la lave et des morceaux de roche très chauds jaillissent dans les airs. Une fois au sol, il arrive que ces matières volcaniques se collent ensemble et forment de la roche. Cette roche porte le nom de tuf. Le tuf se trouve bien souvent autour de la cheminée, ou ouverture, du volcan.

FAITS

TUF

TYPE
ignée

COULEUR
gris ou brun de clair à foncé

TEXTURE
poreuse et parfois stratifiée

CES FORMATIONS ROCHEUSES, DANS LE PARC NATIONAL DE YELLOWSTONE (ÉTATS-UNIS), SONT FAITES DE TUF.

STATUES DE L'ÎLE DE PÂQUES,
DANS LE PACIFIQUE SUD

Le tuf n'est pas une roche très dure. Il y a des centaines d'années, dans le nord de l'Italie, les gens ont creusé des villages entiers dans les parois des falaises de tuf. Sur l'île de Pâques, tu peux admirer des statues humaines géantes taillées dans le tuf.

SI TU POUVAIS SCULPTER UNE PIERRE, QUE FERAIS-TU?

LE GRÈS

Cette roche est faite de restes.

Cette roche sédimentaire assez commune est composée de minéraux de la taille d'un grain de sable et de morceaux d'autres roches qui se sont fragmentées au fil du temps. Le vent et la pluie emportent ces petits morceaux de sédiments à de nombreux endroits dans le monde. Certains fragments minuscules se déposent dans des zones de faible altitude, comme le fond des lacs et des cours d'eau. Au fil de milliers d'années, l'eau s'évapore. De nouveaux minéraux se forment et collent les sédiments ensemble pour former du grès.

FORMÉES DE GRÈS, LES MONTAGNES ARC-EN-CIEL À GANSU, EN CHINE, SEMBLENT PLUS BRILLANTES APRÈS LA PLUIE.

COMBIEN DE COULEURS VOIS-TU DANS CES MONTAGNES?

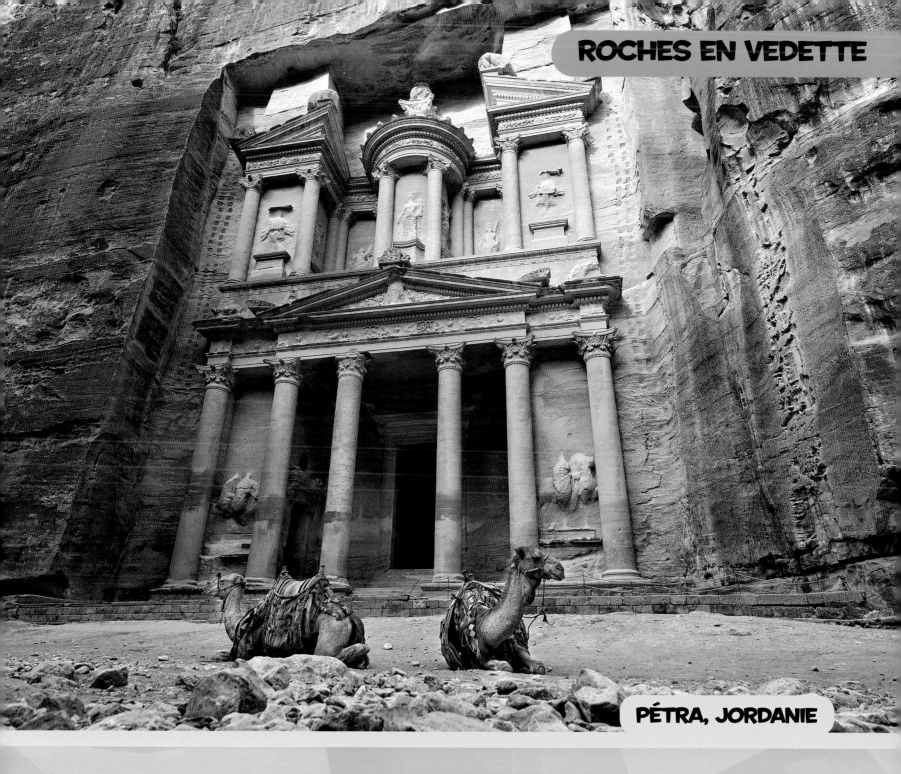

PÉTRA, JORDANIE

Il y a plus de 2 000 ans, les gens qui vivaient dans les déserts de Jordanie ont creusé des grottes et des temples dans les falaises de grès rose. Plus tard, les Romains de l'Antiquité y ont construit des bâtiments plus complexes. C'est ainsi qu'est née la cité de Pétra. En raison de sa couleur, elle est également appelée la « cité rose ».

LE CHARBON

Cette roche vient de débris de plantes qui vivaient il y a des millions d'années.

Avant même que les dinosaures existent, la Terre était couverte de mers peu profondes et de forêts denses. Parfois, les mers inondaient les forêts, les transformant en marécages. Les plantes étaient alors immergées. Avec le temps, ces plantes se sont accumulées au fond des marécages. Elles ont été enfouies sous plusieurs couches de sédiments. Des millions d'années plus tard, le matériel végétal était devenu une roche que l'on appelle le charbon.

FAITS

CHARBON

TYPE
sédimentaire

COULEUR
noir

TEXTURE
très fine

LA LIGNITE EST UN TYPE DE CHARBON QUE L'ON TROUVE PRÈS DE LA SURFACE DE LA TERRE.

DES OUVRIERS EXTRAIENT DU CHARBON
DANS UNE MINE SOUTERRAINE.

NOIR DE JAIS

Le charbon n'est pas la seule roche formée à partir de matière vivante. Le jais est un type de roche faite de bois mort qui a durci. Cette pierre noire est utilisée pour fabriquer des bijoux.

On peut brûler le charbon afin de générer de la chaleur et de l'électricité. On le trouve généralement sous terre.

FAITS

CALCAIRE

TYPE
sédimentaire

COULEUR
blanc, gris ou rose

TEXTURE
fine à moyenne

LA STATUE DU GRAND SPHINX DE GIZEH, EN ÉGYPTE, A ÉTÉ SCULPTÉE DANS DU CALCAIRE. ELLE A LA TÊTE D'UN HUMAIN ET LE CORPS D'UN LION.

LE CALCAIRE

Cette roche est faite à partir de coquillages.

Il existe différentes sortes de calcaire, mais elles ont toutes une chose en commun : ces roches se forment dans l'eau.

Un certain type de calcaire prend forme au fond de l'océan. Au fil du temps, l'eau brise en petits morceaux les vieilles coquilles de créatures marines comme les palourdes et les huîtres. Ces morceaux, qu'on appelle de la chaux, se déposent au fond de l'eau chaude et peu profonde. Après des millions d'années, les couches de chaux s'accumulent. La pression de l'eau les comprime ensemble et forme ainsi du calcaire.

LE ROCHER DE GIBRALTAR, SUR LA CÔTE DE L'ESPAGNE

LES FONDATIONS DU PARTHÉNON, EN GRÈCE, SONT EN PARTIE FAITES DE CALCAIRE.

Puisque les plaques tectoniques bougent et se déplacent, les roches de calcaire sont poussées de plus en plus haut sur Terre. Il arrive qu'elles remontent vraiment très haut! Le sommet du mont Everest, le point le plus élevé sur Terre, est fait de calcaire.

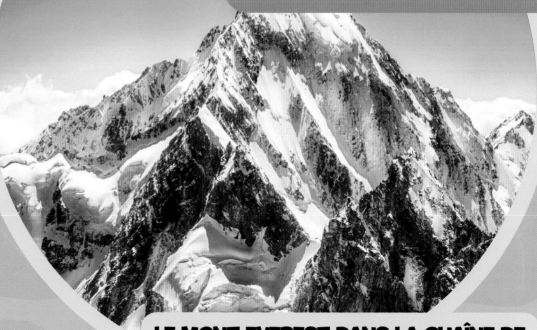

LE MONT EVEREST DANS LA CHAÎNE DE MONTAGNES DE L'HIMALAYA, EN ASIE

LES GROTTES DE CARLSBAD (NOUVEAU-MEXIQUE), ÉTATS-UNIS

Un autre type de calcaire se forme à l'intérieur de grottes. L'eau dégoutte du plafond de la grotte, laissant les minéraux derrière elle. Les minéraux qui s'accumulent vont lentement prendre la forme de glaçons ou de colonnes rocheuses appelées stalactites. Quand les gouttes d'eau tombent sur le sol de la grotte, les minéraux s'empilent petit à petit. Ces colonnes portent le nom de stalagmites.

AIMERAIS-TU EXPLORER UNE GROTTE? POURQUOI?

LA CRAIE

On peut dessiner avec cette roche.

La craie est une sorte de calcaire. Elle est composée des restes solides d'anciennes créatures marines.

À cause de l'érosion due au vent et à l'eau et des mouvements des plaques tectoniques, la craie remonte des fonds marins jusqu'à la surface de la Terre. C'est pourquoi on la trouve sur les promontoires ou les falaises rocheuses au bord de la mer. Les falaises blanches de Douvres, en Angleterre, sont faites de craie.

FALAISES BLANCHES DE DOUVRES

FAITS

CRAIE

TYPE
sédimentaire

COULEUR
blanc ou gris clair

TEXTURE
très fine

LES FORMATIONS ROCHEUSES NOMMÉES MONUMENT ROCKS, AU KANSAS, AUX ÉTATS-UNIS, SONT PRINCIPALEMENT COMPOSÉES DE CRAIE. ELLES CONTIENNENT BEAUCOUP DE FOSSILES D'ANCIENNES CRÉATURES MARINES.

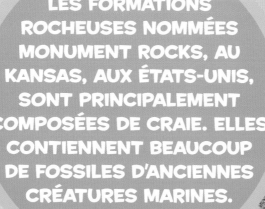

Comme la craie est tendre, on peut s'en servir pour écrire. Certains des dessins anciens que l'on a trouvés dans des grottes ont été faits avec de la craie. Cependant, la craie utilisée pour dessiner sur les trottoirs de nos jours est fabriquée dans des usines à partir d'un matériau différent.

LES GYMNASTES UTILISENT DE LA CRAIE EN POUDRE POUR EMPÊCHER LEURS MAINS DE GLISSER DES BARRES.

39

ANCIENNE CARRIÈRE D'ARDOISE EN ÉCOSSE

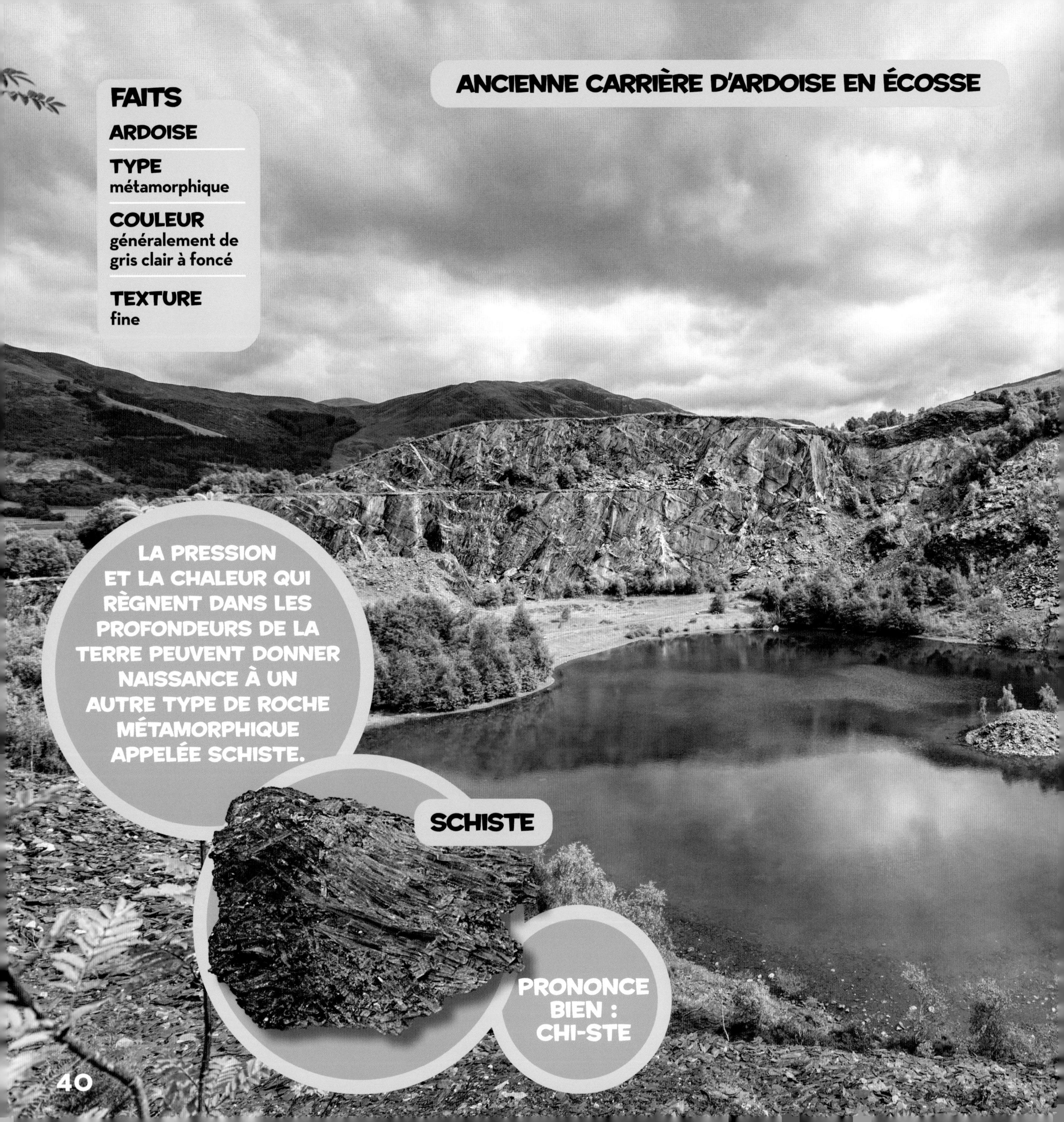

FAITS

ARDOISE

TYPE
métamorphique

COULEUR
généralement de gris clair à foncé

TEXTURE
fine

LA PRESSION ET LA CHALEUR QUI RÈGNENT DANS LES PROFONDEURS DE LA TERRE PEUVENT DONNER NAISSANCE À UN AUTRE TYPE DE ROCHE MÉTAMORPHIQUE APPELÉE SCHISTE.

SCHISTE

PRONONCE BIEN : CHI-STE

L'ARDOISE

Cette roche est très belle quand elle est bien nettoyée!

L'ardoise est à l'origine une roche sédimentaire appelée schiste. Au bout de plusieurs milliers d'années, la chaleur et la pression à l'intérieur de la Terre transforment le schiste en une autre roche : l'ardoise.

L'ardoise est plus dure que le schiste. Elle se présente en strates. Ces strates, ou couches, peuvent être séparées en feuilles minces et plates.

Les enseignants, en classe, écrivaient à la craie sur de grands tableaux d'ardoise appelés tableaux noirs. Ils pouvaient ensuite effacer ce qu'ils venaient d'écrire et réutiliser les tableaux encore et encore. Aujourd'hui, l'ardoise est encore utilisée pour fabriquer des tuiles de toit et de plancher.

QU'AIMES-TU FAIRE ENCORE ET ENCORE?

LE MARBRE

Cette roche très solide était autrefois du calcaire.

Le marbre se forme lorsque la chaleur et la pression élevées transforment le calcaire caché sous la surface de la Terre. Des millions d'années plus tard, le calcaire est devenu une roche lustrée qui se présente souvent en couches épaisses.

Le marbre est parfois traversé de lignes. Ces lignes portent le nom de veines. Elles se forment quand différents types de minéraux se retrouvent pris dans le calcaire. Mais le marbre le plus pur est si blanc qu'il brille presque.

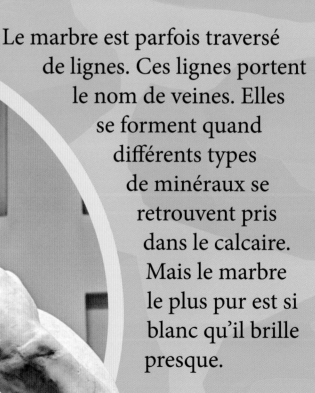

STATUE DE DAVID

IL A FALLU 21 ANS ET 20 000 OUVRIERS POUR CONSTRUIRE LE TAJ MAHAL.

TAJ MAHAL

Plusieurs statues et bâtiments célèbres ont été sculptés dans le marbre. Le David de Michel-Ange, à Florence, en Italie, est en marbre. Le magnifique Taj Mahal à Agra, en Inde, est également fait de marbre.

TRÉSORS D'UN MINÉRALOGISTE AMATEUR

CERTAINES PERSONNES AIMENT RAMASSER DES ROCHES. VOICI QUELQUES ROCHES INTÉRESSANTES À COLLECTIONNER.

LA BRÈCHE (SÉDIMENTAIRE)

LA DUNITE (IGNÉE)

LA SILTITE (SÉDIMENTAIRE)

LA GNEISS FOLIÉ (MÉTAMORPHIQUE)

ROCHES EN VEDETTE

UN CONGLOMÉRAT (SÉDIMENTAIRE)

LE MICASCHISTE (MÉTAMORPHIQUE)

L'OBSIDIENNE (IGNÉE)

LA MÉTÉORITE

Cette roche ne vient pas de notre monde!

Les plus vieilles roches présentes sur Terre ne viennent pas de notre planète! Ce sont des météorites provenant de l'espace. Les météorites peuvent être des fragments de comètes, des sortes de boules de neige de l'espace composées de gaz, de roches et de poussière gelés qui orbitent, ou tournent, autour du soleil.

Les météorites peuvent aussi provenir de morceaux d'astéroïdes, qui sont de grosses roches voyageant dans l'espace. Les scientifiques croient que certaines météorites viennent de la Lune ou de Mars.

LA MÉTÉORITE DE HOBA (NAMIBIE), EN AFRIQUE, EST LA PLUS GRANDE JAMAIS TROUVÉE.

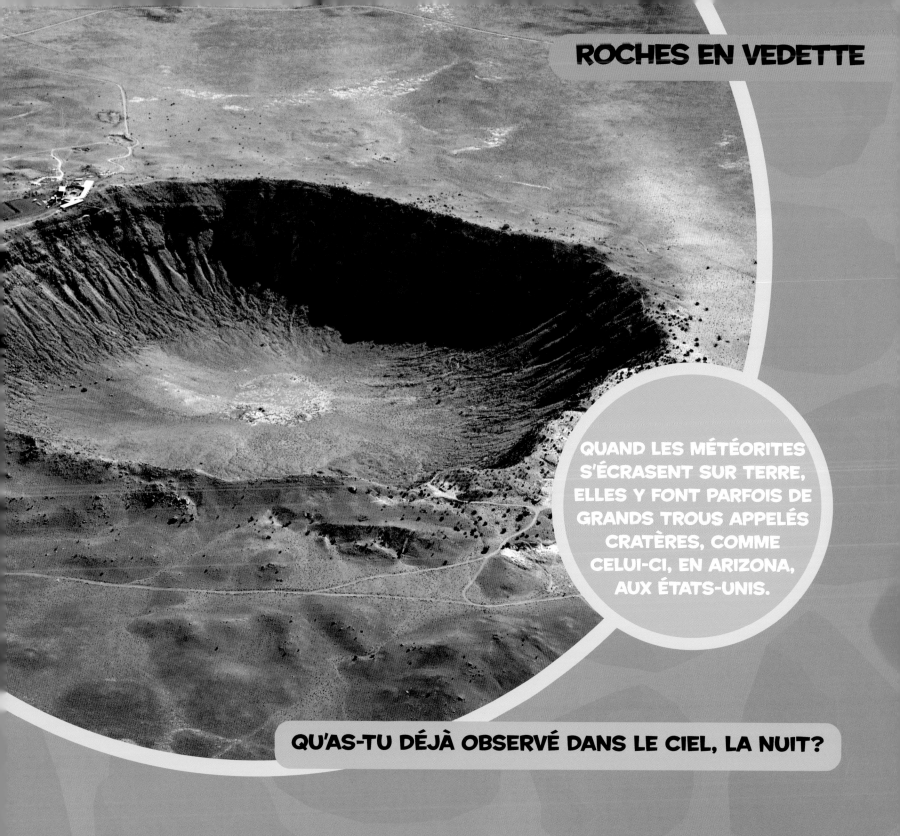

QUAND LES MÉTÉORITES S'ÉCRASENT SUR TERRE, ELLES Y FONT PARFOIS DE GRANDS TROUS APPELÉS CRATÈRES, COMME CELUI-CI, EN ARIZONA, AUX ÉTATS-UNIS.

QU'AS-TU DÉJÀ OBSERVÉ DANS LE CIEL, LA NUIT?

Les météorites traversent l'atmosphère de la Terre. Il arrive qu'elles créent une traînée de lumière que l'on peut voir quand le ciel est dégagé.

47

LES FOSSILES

Les fossiles peuvent être des milliards d'années plus anciens que les dinosaures!

Les fossiles sont les restes d'organismes vivants, comme les coquilles, les os et les dents, qui ont été préservés dans des roches. Les os, par exemple, se retrouvent ensevelis sous le sable, la boue et d'autres types de sédiments. Parfois, les minéraux présents dans la boue liquide s'infiltrent dans les petits trous des os. Le temps passe, et les sédiments durcissent en une roche. Les os durcissent eux aussi dans les sédiments, et cela crée un fossile.

ON VOIT PARFOIS DES FOSSILES DE FEUILLES, DE GRAINES ET D'AUTRES PARTIES DE VÉGÉTAUX DANS DES ROCHES SÉDIMENTAIRES.

ROCHES EN VEDETTE

LE PLUS ANCIEN FOSSILE DE DINOSAURE JAMAIS TROUVÉ EST VIEUX D'ENVIRON 231 MILLIONS D'ANNÉES.

On peut découvrir des fossiles dans des roches sédimentaires comme le calcaire, le schiste et le grès. Les scientifiques étudient les fossiles pour en apprendre plus sur les dinosaures ainsi que sur les autres animaux et végétaux qui vivaient il y a des millions d'années.

FOSSILE

CARTE À JOUER!

Cette carte montre quelques-unes des constructions et des formations rocheuses incroyables qui ont été mentionnées au chapitre deux. Avec le doigt, trace une ligne allant de chaque indice à l'endroit qu'il décrit.

A. DES COLONNES DE BASALTE QUI RESSEMBLENT À DES ESCALIERS GÉANTS

B. UNE ÉNORME FORMATION ROCHEUSE EN GRANITE

C. DES FIGURES HUMAINES TAILLÉES DANS LE TUF

D. UNE STATUE DE CALCAIRE AYANT LA TÊTE D'UN HUMAIN ET LE CORPS D'UN LION

E. UN CÉLÈBRE ÉDIFICE DE MARBRE BLANC

F. LA PLUS GRANDE MÉTÉORITE SUR TERRE

G. UNE CITÉ ANCIENNE TAILLÉE DANS DES FALAISES DE GRÈS

AMÉRIQUE DU NORD

EL CAPITAN ○ États-Unis

OCÉAN ATLANTIQUE

OCÉAN PACIFIQUE

AMÉRIQUE DU SUD

STATUES DE L'ÎLE DE PÂQUES ○ Île de Pâques (Chili)

ROCHES EN VEDETTE

OCÉAN ARCTIQUE

Irlande
du Nord
(Royaume-Uni)

**CHAUSSÉE
DES GÉANTS**

EUROPE

ASIE

**GRAND
SPHINX**

Jordanie
PÉTRA

Égypte

**TAJ
MAHAL**

Inde

AFRIQUE

OCÉAN
PACIFIQUE

OCÉAN
INDIEN

**MÉTÉORITE
DE HOBA**

Namibie

AUSTRALIE

ANTARCTIQUE

RÉPONSES : A. Chaussée des Géants, B. El Capitan,
C. statues de l'île de Pâques, D. grand Sphinx, E. Taj Mahal,
F. météorite de Hoba, G. Pétra

CHAPITRE DEUX
LA MAGIE DES MINÉRAUX

MINES DE SEL (CUZCO), PÉROU

Il existe plus de 5 000 types de minéraux sur Terre. Ils sont tous différents. Dans ce chapitre, tu en apprendras plus sur quelques minéraux communs et sur d'autres, plus rares.

CLAIR COMME DE L'EAU DE ROCHE

La plupart des roches sont constituées d'un ou de plusieurs minéraux. Les minéraux se forment de plusieurs façons. Ils peuvent apparaître quand l'eau s'évapore ou lorsque le magma se refroidit.

Chaque minéral a une forme particulière qui lui est propre et que l'on appelle le cristal. Les cristaux peuvent ressembler à des cubes, à des pyramides ou même à des colonnes. On peut couper et polir certains minéraux pour en faire des bijoux. Ces minéraux sont appelés pierres précieuses.

CRISTAUX DE QUARTZ

COMMENT LES SCIENTIFIQUES IDENTIFIENT-ILS LES MINÉRAUX?

Les scientifiques reconnaissent les minéraux en fonction de leurs caractéristiques particulières : la forme de leur cristal, leur dureté (sur une échelle de 1 à 10, 10 étant le plus dur) et leur éclat. L'éclat peut être métallique, brillant, vitreux, nacré ou terne.

CETTE MONTRE EST SERTIE DE DIAMANTS ET DE RUBIS.

L'OR

Ce minéral jaune brille sous la lumière du soleil.

L'or forme des traînées jaune vif à l'intérieur des roches. Ce minéral brillant peut également former de grosses pépites arrondies à l'intérieur des roches. Au fil du temps, le vent et l'eau usent la roche qui renferme l'or. De petits morceaux de ces pépites d'or se retrouvent dans les ruisseaux et les rivières avoisinantes.

FAITS

OR
_____
COULEUR
jaune métallique
_____
DURETÉ
2,5 à 3
_____
ÉCLAT
métallique

AS-TU DÉJÀ VU DES BIJOUX EN OR?

EN 1848, LES GENS
SE SONT PRÉCIPITÉS EN
CALIFORNIE, AUX ÉTATS-UNIS,
QUAND ON Y A DÉCOUVERT DE
L'OR. EN PLUSIEURS ANNÉES,
ON Y A TROUVÉ PLUS
DE 340 000 KG
(750 000 LB) D'OR.

L'or est si lourd qu'il coule dans l'eau et reste piégé dans les cours d'eau. Les gens creusent dans les ruisseaux près des montagnes pour y trouver de l'or. Ils ramassent de l'eau et des cailloux avec un récipient qui ressemble à une assiette à tarte. Ensuite, ils font tourbillonner l'assiette. L'eau et la boue débordent sur les côtés. S'ils ont de la chance, ils mettent la main sur une petite paillette ou même une pépite d'or.

DE LA PYRITE A ÉTÉ DÉCOUVERTE PRÈS DE LA MINE DE RIO TINTO, EN ESPAGNE, OÙ DES GENS ONT AUSSI EXTRAIT DU CUIVRE PENDANT DES MILLIERS D'ANNÉES.

MINE DE CUIVRE DE RIO TINTO

LA PYRITE

Ce minéral peut jouer des tours.

La pyrite est parfois appelée l'or des fous parce qu'elle est jaune et brillante comme de l'or. Mais contrairement à l'or, la pyrite devient plus foncée lorsqu'elle est exposée à l'air. De plus, elle forme habituellement des cristaux à huit faces ou des cubes parfaits à six faces, qui ressemblent à des dés.

Une grande différence entre l'or et la pyrite est que cette dernière est dure. Il est possible de façonner ou de plier l'or à l'aide d'un marteau, mais la pyrite, elle, se brise sous l'effet d'un coup.

La pyrite tire son nom du mot grec qui désigne le feu. Elle produit une étincelle lorsqu'elle est frappée ou grattée contre un métal comme l'acier.

LES CHERCHEURS D'OR AVAIENT L'HABITUDE DE CROQUER LES PÉPITES D'OR AFIN DE VOIR SI ELLES ÉTAIENT TENDRES, ET NON PAS DURES COMME LA PYRITE.

PEUX-TU NOMMER D'AUTRES CHOSES EN FORME DE CUBE?

LA MALACHITE

Ce minéral est toujours d'un vert vif.

FAITS

MALACHITE

COULEUR
vert

DURETÉ
3,5 à 4

ÉCLAT
brillant ou
soyeux, parfois
terne

La malachite est souvent découverte dans des grottes ou des cavernes qui renferment du cuivre, un autre minéral. Lorsque de l'eau naturellement gazeuse, ou pétillante, s'écoule à l'intérieur de la grotte et atterrit sur un minéral contenant du cuivre, il se forme un nouveau minéral du nom de malachite.

UN VASE DE MALACHITE À SAINT-PÉTERSBOURG, EN RUSSIE

LA MALACHITE EXTRAITE DES MONTS OURAL, EN RUSSIE, A ÉTÉ POLIE ET ON EN A FAIT DES BIJOUX, DES BOÎTES ET DES VASES MAGNIFIQUES.

ON PEUT RÉDUIRE LA MALACHITE EN POUDRE POUR FAIRE DE LA PEINTURE VERTE.

La malachite ressemble souvent à une goutte verte ou à une grappe de petits raisins. Elle forme parfois une mince pellicule sur d'autres minéraux. Elle peut aussi se présenter sous la forme de petites colonnes arrondies. Contrairement à bien des minéraux, la malachite forme rarement des cristaux.

PEUX-TU REPÉRER, AUTOUR DE TOI, DES CHOSES D'UN VERT VIF?

FAITS

DIAMANT

COULEUR
généralement incolore, mais peut être jaune, rouge, rose, bleu, vert ou noir

DURETÉ
10

ÉCLAT
brillant

DIAMANT BRUT

LES DIAMANTS SONT SI DURS QU'ILS PEUVENT COUPER L'ACIER!

LE DIAMANT

C'est le minéral le plus dur sur Terre.

Le carbone est une substance chimique qui donne naissance à des minéraux sous différentes formes. L'une de ces formes, le graphite, est très tendre. Elle est utilisée dans les crayons à mine. Une autre forme est le diamant. La plupart des diamants prennent des millions d'années à se former. Ils sont créés au plus profond de la Terre sous l'effet d'une chaleur et d'une pression énormes.

On trouve souvent les diamants à l'intérieur d'une roche appelée la kimberlite. La kimberlite remonte à la surface de la Terre lors de l'éruption d'un volcan. Avec le temps, elle peut être ensevelie sous d'autres roches. En général, il faut creuser dans des mines pour trouver des kimberlites qui renferment des diamants.

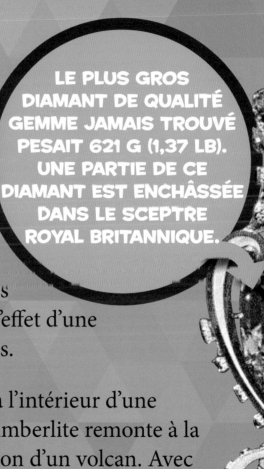

LE PLUS GROS DIAMANT DE QUALITÉ GEMME JAMAIS TROUVÉ PESAIT 621 G (1,37 LB). UNE PARTIE DE CE DIAMANT EST ENCHÂSSÉE DANS LE SCEPTRE ROYAL BRITANNIQUE.

PEUX-TU TROUVER QUELQUE CHOSE DE SCINTILLANT AUTOUR DE TOI?

LE GYPSE

Les murs autour de toi contiennent peut-être de ce mineral.

À mesure que l'eau de la mer ou des lacs salés s'évapore, les substances chimiques contenues dans l'eau salée s'agglutinent et forment des cristaux de gyspe. Le gyspe existe en plusieurs variétés. Le gypse sélénite est presque transparent. On le trouve généralement dans les grottes. Il peut ressembler à des glaçons géants.

QUOI D'AUTRE RESSEMBLE À UN GLAÇON?

FAITS

GYPSE

COULEUR
transparent, gris, jaune ou rose

DURETÉ
2

ÉCLAT
vitreux, nacré

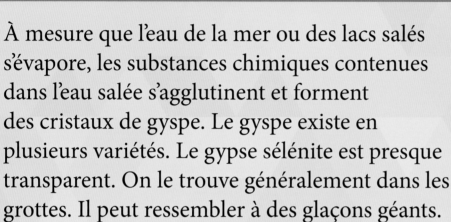

IL ARRIVE QUE LE GYPSE AIT LA FORME D'UNE FLEUR. C'EST CE QU'ON APPELLE UNE ROSE DES SABLES.

LA GROTTE DES CRISTAUX À NAICA, DANS L'ÉTAT DE CHIHUAHUA, AU MEXIQUE, RENFERME DES COLONNES GÉANTES DE CRISTAUX DE GYPSE SÉLÉNITE.

Le gypse semble dur, mais en fait, il est tendre. Les sculpteurs taillent souvent leurs statues dans un type de gypse appelé l'albâtre. Toutefois, la majorité du gypse est broyée pour en faire un matériau de construction connu sous le nom de cloison sèche. Les murs intérieurs de nombreuses maisons et écoles sont faits de cloisons sèches.

65

LE SOUFRE

Ce minéral sent parfois très mauvais!

On trouve souvent du soufre près des volcans. Le soufre pur apparaît sous forme de cristaux jaune vif. Le cratère volcanique Dallol, en Éthiopie, est jaune et vert en raison du soufre qu'il contient. Le volcan Kawah Ijen, en Indonésie, contient encore plus de soufre. Quand ses gaz sulfureux entrent en éruption, l'air les fait éclater en flammes bleues.

FAITS

SOUFRE

COULEUR
jaune citron,
jaune rougeâtre,
brun, gris

DURETÉ
1,5 à 2,5

ÉCLAT
gras

KAWAH IJEN

CRATÈRE DALLOL

LA TEMPÉRATURE DE L'AIR AUTOUR DU CRATÈRE DALLOL S'ÉLÈVE À 41 °C (106 °F) EN MOYENNE.

Quand le soufre se mélange à d'autres substances chimiques, il se met à sentir mauvais. As-tu déjà senti une odeur d'œufs pourris? C'est ce que le soufre sent parfois.

QUELLES SONT LES CHOSES QUE TU PRÉFÈRES SENTIR?

ON SE SERT DU SOUFRE POUR AIDER LES ALLUMETTES À BRÛLER.

67

CORINDON

COULEUR
blanc, gris, brun,
rouge ou bleu

DURETÉ
9

ÉCLAT
vitreux

DEPUIS DES
SIÈCLES, LES FAMILLES
ROYALES SERTISSENT
LEURS BIJOUX ET
LEURS COURONNES
DE RUBIS ET DE
SAPHIRS.

LE CORINDON

Ce minéral est un véritable joyau.

On trouve du corindon dans tous les types de roches, mais surtout dans les roches métamorphiques. La pluie et le vent brisent lentement les roches en morceaux. Ces petits morceaux s'écoulent alors dans les rivières et les ruisseaux et emportent le corindon avec eux.

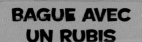

**BAGUE AVEC
UN RUBIS**

Lorsque le corindon comprend de petites quantités d'une substance chimique appelée chrome, il est d'un rouge rosé. Il s'appelle alors un rubis. Quand le corindon comprend du fer, il est de couleur bleue. Le corindon bleu est appelé un saphir. Les rubis et les saphirs sont rares. On les polit et on les taille pour en faire des bijoux.

**QUELLE COULEUR PRÉFÈRES-TU, LE ROUGE OU LE BLEU?
POURQUOI?**

UN COFFRE À BIJOUX PRÉCIEUX

LES PIERRES PRÉCIEUSES SONT DES MINÉRAUX RARES ET MAGNIFIQUES QUI PEUVENT ÊTRE POLIS ET TRANSFORMÉS EN BIJOUX OU EN D'AUTRES OBJETS.

BAGUE D'ÉMERAUDE ET DE DIAMANTS

BAGUE D'OPALE NOIRE

BAGUE DE SAPHIR

BRACELET D'ONYX ET DE DIAMANTS

COURONNE DE TURQUOISES ET DE DIAMANTS

ŒUF ET CHARIOT D'OR ET DE DIAMANTS

COLLIER DE DIAMANTS ET D'ÉMERAUDES

COLLIER DE RUBIS

71

LE QUARTZ

Si tu as déjà construit un château de sable, tu as peut-être déterré du quartz.

Le quartz est l'un des minéraux les plus communs sur Terre. De minuscules cristaux de quartz brillent dans le sable de nombreuses plages. Le sable qui contient beaucoup de quartz peut être fondu. Ce liquide gluant est alors moulé en objets. Lorsqu'il refroidit, tu peux le reconnaître : c'est du verre.

LE PLUS GRAND AGGLOMÉRAT DE QUARTZ A ÉTÉ TROUVÉ EN NAMIBIE, EN AFRIQUE.

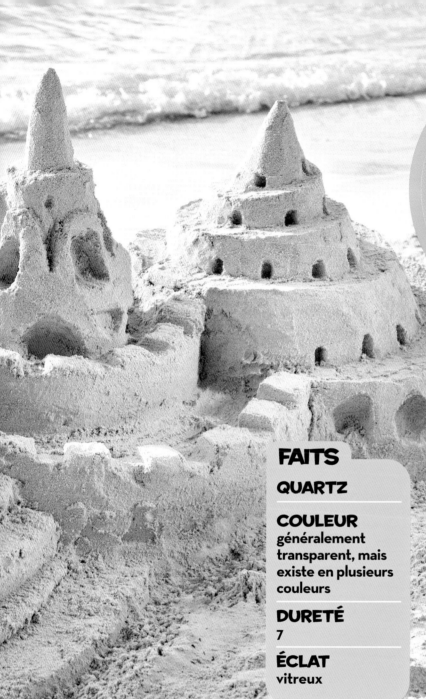

LA MAGIE DES MINÉRAUX

PARFOIS, LORSQUE LA FOUDRE FRAPPE LE SABLE, DE PETITS TUBES DE VERRE CREUX S'Y FORMENT.

Il arrive que le quartz soit plus difficile à trouver. Il se cache à l'intérieur de roches rondes appelées géodes. Coupe une géode et tu découvriras peut-être des cristaux de quartz à l'intérieur.

FAITS

QUARTZ

COULEUR
généralement transparent, mais existe en plusieurs couleurs

DURETÉ
7

ÉCLAT
vitreux

GÉODE

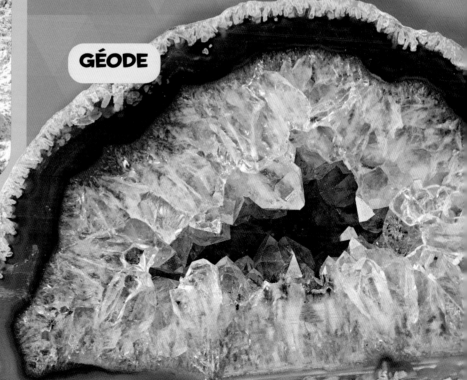

PEUX-TU NOMMER UN AUTRE MINÉRAL QUI EXISTE EN PLUSIEURS COULEURS?
(INDICE : VA À LA PAGE 68.)

UN ARC-EN-CIEL DE QUARTZ

LE QUARTZ EXISTE EN DE NOMBREUSES COULEURS.
EN VOICI QUELQUES EXEMPLES.

AMÉTHYSTE

QUARTZ FUMÉ

AMÉTRINE
POURPRE ET JAUNE

JASPE VERT

CORNALINE

CITRINE
JAUNE

QUARTZ
ROSE

L'HALITE

Tu peux probablement trouver ce minéral dans ta cuisine.

L'halite est un minéral que la plupart des gens consomment presque chaque jour. Il est saupoudré sur les frites et le maïs soufflé. Tu l'appelles du sel!

AS-TU UNE COLLATION SALÉE PRÉFÉRÉE?

FAITS

HALITE

COULEUR
transparent, gris, jaune, rouge

DURETÉ
2 à 2,5

ÉCLAT
vitreux

DANS LES MINES DE SEL SOUTERRAINES DE WIELICZKA, EN POLOGNE, LES MINEURS ONT SCULPTÉ DES STATUES ET UNE ÉGLISE DANS LE SEL.

GRAND LAC SALÉ

Les cristaux d'halite se forment quand l'eau salée s'évapore. On peut voir de grandes zones appelées plaines de sel, sur les rives du Grand Lac Salé en Utah, aux États-Unis. Il y en a aussi en bordure de la mer Morte, située entre la Jordanie et Israël, au Moyen-Orient. Le sel que tu trouves chez toi peut provenir en partie de ces plaines de sel.

EN HIVER, LE SEL AIDE À FAIRE FONDRE LA GLACE QUI COUVRE LES RUES ET LES TROTTOIRS.

77

LA TURQUOISE

Ce minéral a la couleur du ciel pendant une journée ensoleillée.

Quand l'eau coule à travers la roche, elle se mélange parfois avec un métal appelé cuivre. L'eau transforme le cuivre. Puis le cuivre forme un minéral appelé turquoise.

Il arrive que des particules de pyrite (voir la page 58) se retrouvent piégées à l'intérieur de la turquoise. Ces particules la font scintiller. D'autres fois, de minuscules morceaux des roches voisines se mélangent à l'eau. Ils peuvent colorer la turquoise de fines rayures brunes.

FAITS

TURQUOISE

COULEUR
bleu ciel ou bleu-vert

DURETÉ
5 à 6

ÉCLAT
cireux, terne

SELON UNE LÉGENDE AMÉRINDIENNE, QUAND LES GENS PLEURAIENT DE JOIE, LEURS LARMES DEVENAIENT DE LA TURQUOISE.

QUELLES COULEURS PEUX-TU OBSERVER DANS LE CIEL?

DE LA TURQUOISE ORNE LE DÔME DE CETTE GRANDE MOSQUÉE, EN IRAN.

Les minéraux bleus sont plutôt rares. Les anciens Égyptiens utilisaient ce minéral de couleur vive dans les bijoux et l'art. De plus, la turquoise a une signification particulière pour les peuples amérindiens du sud-ouest des États-Unis.

FAITS

LABRADORITE

COULEUR
transparent, blanc, bleu, bleu iridescent

DURETÉ
6 à 6,5

ÉCLAT
vitreux

CE MINÉRAL A ÉTÉ DÉCOUVERT AU LABRADOR, AU CANADA. C'EST DE LÀ QU'IL TIENT SON NOM.

LA LABRADORITE

**Ce minéral peut te faire penser
à un arc-en-ciel.**

La labradorite change de couleur sous une lumière vive. Elle peut passer du bleu au vert, puis au rouge et enfin à l'orange. C'est ce qu'on appelle l'iridescence.

La labradorite se forme en couches et présente de nombreuses fissures minuscules à l'intérieur. Lorsque la lumière pénètre dans le minéral, les fissures la renvoient dans diverses directions. C'est ce qui fait que les différentes couleurs nous sautent aux yeux.

AS-TU DÉJÀ VU UN ARC-EN-CIEL? À QUEL ENDROIT?

LES COULEURS IRIDESCENTES DE LA LABRADORITE ONT ÉTÉ COMPARÉES AUX COULEURS CHATOYANTES DES AURORES BORÉALES, QUI APPARAISSENT PARFOIS DANS LE CIEL, EN HIVER, DANS LE GRAND NORD.

AURORE BORÉALE

81

L'AUTUNITE

Ce minéral peut parfois projeter une lueur vive.

Sous certaines lumières, l'autunite peut briller d'un vert vif. Elle contient une substance chimique appelée uranium qui la rend luisante. L'uranium émet aussi des rayons d'énergie appelés radiations. C'est pourquoi l'uranium que l'on trouve dans l'autunite peut être utilisé pour produire de l'électricité dans certaines centrales électriques.

CE MINÉRAL A PARFOIS LA FORME D'UN ÉVENTAIL.

82

FAITS

AUTUNITE

COULEUR
jaune citron à vert

DURETÉ
2 à 2,5

ÉCLAT
nacré, cireux, fluorescent

L'AUTUNITE A ÉTÉ DÉCOUVERTE PRÈS D'AUTUN, EN FRANCE. C'EST DE LÀ QUE LUI VIENT SON NOM.

AUTUN, FRANCE

On trouve de l'autunite dans certains types de granite. Elle forme généralement une fine couche ou une croûte sur le dessus d'un autre minéral.

83

AMUSONS-NOUS!

GRENAT

AMÉTHYSTE

AIGUE-MARINE

DIAMANT

ÉMERAUDE

ALEXANDRITE

A

B

C

D

E

F

Certains minéraux ont un aspect terne et trouble lorsqu'on les trouve dans la nature. Après avoir été taillés avec des outils et ensuite polis, ils deviennent clairs et brillants. Appelées gemmes, ces pierres sont souvent utilisées pour fabriquer des bijoux. Avec le doigt, trace une ligne entre chaque gemme et le minéral avant qu'il ne soit taillé et poli.

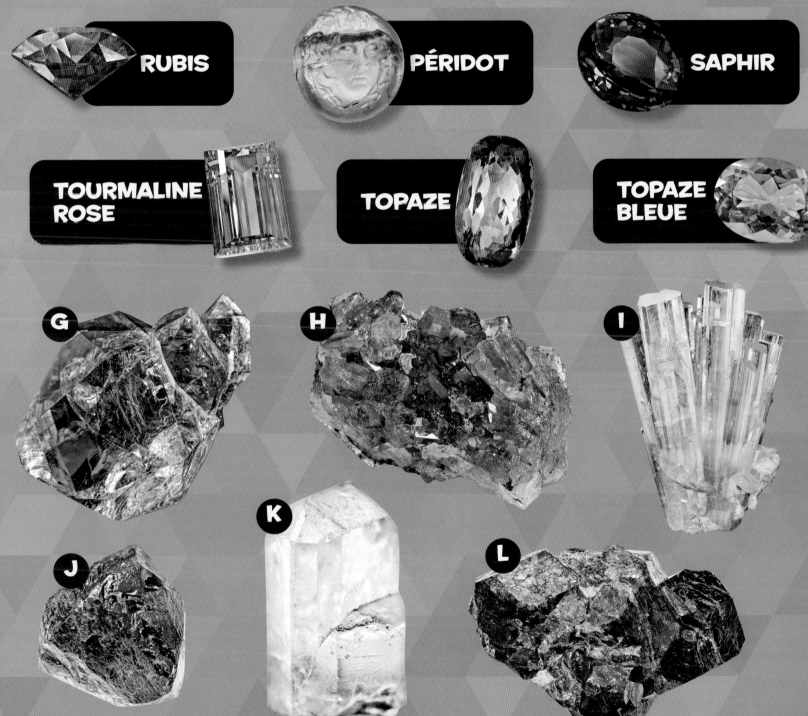

RUBIS

PÉRIDOT

SAPHIR

TOURMALINE ROSE

TOPAZE

TOPAZE BLEUE

G

H

I

J

K

L

RÉPONSES : A. saphir, B. rubis, C. topaze bleue, D. topaze, E. améthyste, F. tourmaline rose, G. diamant, H. émeraude, I. aigue-marine, J. alexandrite, K. péridot, L. grenat.

85

CHAPITRE QUATRE

LES SECRETS DES COQUILLAGES

COQUILLAGES ET PIERRES SUR L'ÎLE CHRISTMAS, DANS L'OCÉAN INDIEN

Si tu te promènes sur une plage de sable, tu verras certainement des coquillages. Dans ce chapitre, tu découvriras les animaux qui vivent à l'intérieur de ces coquilles.

UNE MAISON EN COQUILLAGE

Si tu touches ton coude, tu peux sentir l'os à l'intérieur. L'os fait partie de ton squelette. Les mollusques sont des animaux dont le squelette est à l'extérieur de leur corps : c'est ce qu'on appelle une coquille. La coquille dure d'un mollusque le protège. C'est aussi sa maison.

Les mollusques ont un corps mou et un seul grand pied. Les escargots dans ton jardin sont des mollusques. Les animaux marins comme les palourdes et les huîtres aussi.

ESCARGOT DE JARDIN

À MESURE QUE LE MOLLUSQUE GRANDIT, SA COQUILLE GRANDIT USSI.

88

UNIVALVE

BIVALVE

Les deux types de mollusques les plus communs sont les univalves et les bivalves. Les univalves, comme les escargots, n'ont qu'une seule coquille. Les bivalves, comme les palourdes, ont une valve supérieure et une valve inférieure.

Certains mollusques vivent dans l'eau salée, par exemple dans l'océan. D'autres vivent dans l'eau douce des lacs et des rivières.

PIEUVRE

QUELQUES TYPES DE MOLLUSQUES, TELS LES CALMARS ET LES PIEUVRES, N'ONT PAS DE COQUILLE À L'EXTÉRIEUR DE LEUR CORPS.

LA POURPRE DE TYR

Ce coquillage était très apprécié des anciens empereurs romains.

FAITS

POURPRE DE TYR

TYPE
univalve

COULEUR
bronze ou brun

TAILLE
environ aussi long
que l'index d'un
adulte

ON EN TROUVE
en mer Méditerranée

Cet escargot de mer vit dans l'eau chaude et peu profonde. Il a une manière bien particulière de se protéger. Ce mollusque sécrète un liquide qui a mauvais goût pour les prédateurs. Lorsqu'elle se mélange avec l'air, cette substance devient pourpre, c'est-à-dire rouge foncé.

LES COQUILLAGES SONT SOUVENT COUVERTS D'ALGUES VERTES LES RENDANT PLUS DIFFICILES À REPÉRER AU FOND DE L'OCÉAN.

LES SECRETS DES COQUILLAGES

DANS LA ROME ANTIQUE, SEULES LES PERSONNES RICHES OU APPARTENANT À LA ROYAUTÉ ÉTAIENT AUTORISÉES À PORTER LA COULEUR POURPRE.

Les peuples anciens récoltaient ce coquillage. Ils le broyaient, le faisaient bouillir dans des pots géants et remuaient le mélange jusqu'à ce qu'il devienne pourpre. Ensuite, ils teignaient les vêtements avec cette riche couleur.

IL FALLAIT 250 000 COQUILLAGES POUR OBTENIR 28 G (1 OZ) DE TEINTURE POURPRE.

PEUX-TU REPÉRER DES CHOSES DE COULEUR POURPRE AUTOUR DE TOI?

LE CAURI

La coquille de l'escargot de mer que l'on nomme cauri est toujours brillante.

Quand le cauri sort de sa coquille en quête de nourriture, la nuit, une partie de son corps recouvre presque complètement sa coquille. Ainsi, il la polit et la fait briller.

CAURIS DORÉS

LES CAURIS DORÉS SONT RARES. ILS SE CACHENT DANS LES CORNICHES ROCHEUSES ET LES GROTTES, DANS LA MER.

FAITS
CAURI

TYPE
univalve

COULEUR
blanc, bronze, orange, brun pâle; généralement avec des taches plus foncées

TAILLE
généralement de la taille d'un pouce, mais peut parfois être aussi long qu'une cuillère

ON EN TROUVE
dans le monde entier

LES SECRETS DES COQUILLAGES

Il existe plus de 200 sortes de cauris. Tu as peut-être déjà vu un cauri lustré sur la plage. Ces mollusques vivent dans l'eau peu profonde partout dans le monde.

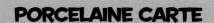

PORCELAINE CARTE

CAURIS GRIS DE L'ATLANTIQUE

LES CAURIS FEMELLES COUVRENT LEURS ŒUFS SOUS LEUR PIED JUSQU'À CE QU'ILS ÉCLOSENT.

LES COQUILLES DE CAURIS ÉTAIENT AUTREFOIS UTILISÉES COMME MONNAIE.

PEUX-TU TE RECROQUEVILLER COMME LA COQUILLE D'UN CAURI?

LE CÔNE GÉOGRAPHE

Sa coquille est jolie, mais il y cache une arme secrète.

Pendant la journée, le cône géographe reste enfoui dans le sable. Mais la nuit, l'escargot rampe au fond de l'océan pour trouver de la nourriture.

Il sort un long tube, appelé siphon, qui lui permet de repérer une proie. À l'intérieur d'un autre tube, il a une dent pointue comme une aiguille. L'escargot trouve un poisson ou une autre proie. La dent sort aussi vite qu'une flèche et injecte du venin à la proie.

LES SECRETS DES COQUILLAGES

IL EXISTE PLUS DE 500 TYPES DE CÔNES. ILS SONT TOUS VENIMEUX.

Le venin étourdit la proie de sorte qu'elle ne peut pas fuir. Puis, le cône l'avale d'un coup, en entier.

FAITS

CÔNE GÉOGRAPHE

TYPE
univalve

COULEUR
blanc ou crème avec des marques brunes

TAILLE
environ la taille d'un téléphone intelligent

ON EN TROUVE
dans les océans Indien et Pacifique

CES ESCARGOTS SE TERRENT PARFOIS SOUS LE SABLE OU SE CACHENT DANS LES RÉCIFS DE CORAIL.

BUSYCON
ÉCLAIR

TYPE
univalve

COULEUR
blanc, brun, beige

TAILLE
environ aussi long
qu'une tablette
électronique

**ON EN
TROUVE**
dans le sud-est de
l'Amérique du
Nord

PARFOIS,
LE BUCCIN UTILISE
SA LANGUE RUGUEUSE,
OU RADULA, POUR
PERCER UN TROU
DANS LA COQUILLE
D'UNE PALOURDE.

LE BUSYCON ÉCLAIR

Les zigzags bruns sur ce coquillage ressemblent à des éclairs.

Le busycon éclair, un mollusque de la famille des buccins, se nourrit de palourdes. Cet escargot de mer enfonce son pied puissant entre les deux valves de la coquille de la palourde. Puis, il la maintient ouverte en y glissant le bord de sa propre coquille. Il pousse ensuite à l'intérieur un long tube appelé proboscis et aspire la palourde.

LE PLUS GROS BUSYCON ÉCLAIR JAMAIS TROUVÉ ÉTAIT PLUS GRAND QU'UNE QUILLE DE BOWLING.

PIED

Le busycon éclair femelle pond des œufs en une chaîne de minuscules capsules. La chaîne peut s'étirer sur 0,9 m (3 pi) de long et compter des centaines d'œufs. La femelle enterre une extrémité de la chaîne au fond de l'océan pour ne pas qu'elle dérive.

QUELS AUTRES ANIMAUX PONDENT DES ŒUFS?

LE STROMBE GÉANT

Cet animal peut vivre plus de 30 ans.

La coquille du strombe géant est d'une belle couleur rose. L'escargot qui vit à l'intérieur a un pied puissant qui lui permet de sauter loin de ses prédateurs, comme les tortues et les requins.

Les strombes géants mangent des algues et des herbes marines. Ils cherchent leur nourriture avec des yeux, situés au bout de longs tubes minces appelés pédoncules oculaires, qui sortent de leur coquille.

SI TU APPROCHES UN STROMBE GÉANT DE TON OREILLE, LES BRUITS AUTOUR DE TOI TE SEMBLERONT PLUS FORTS.

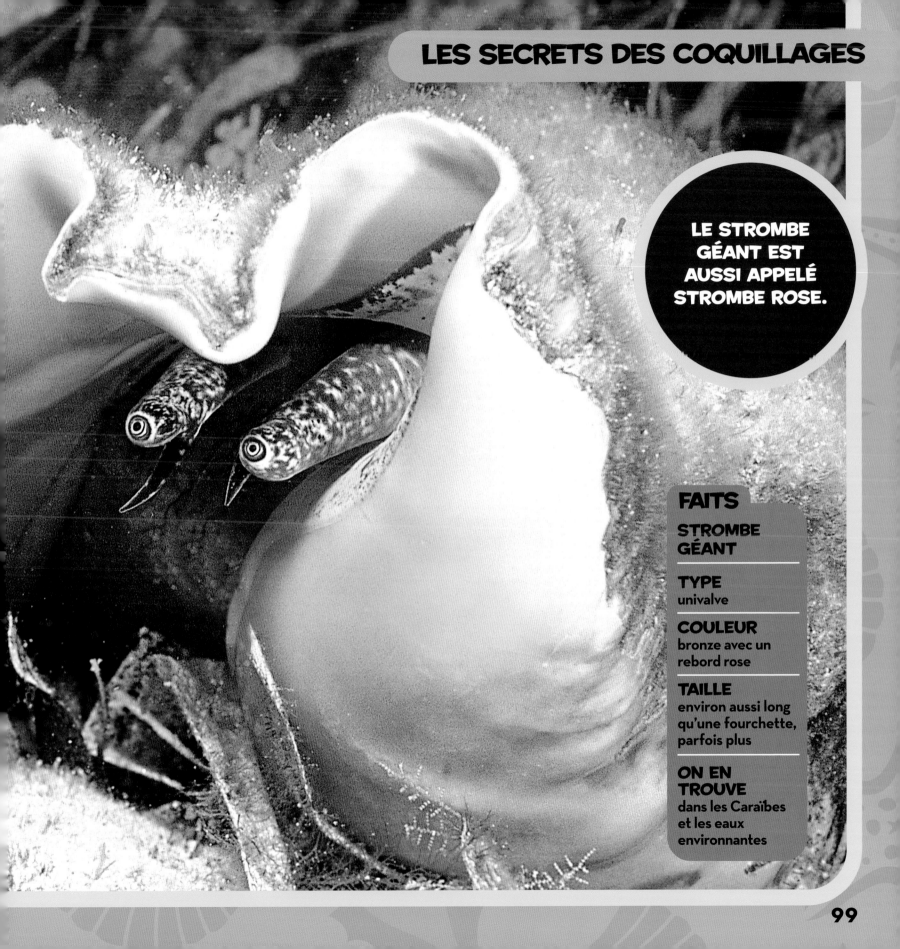

LE STROMBE GÉANT EST AUSSI APPELÉ STROMBE ROSE.

FAITS

STROMBE GÉANT

TYPE
univalve

COULEUR
bronze avec un rebord rose

TAILLE
environ aussi long qu'une fourchette, parfois plus

ON EN TROUVE
dans les Caraïbes et les eaux environnantes

Un strombe géant adulte peut être presque aussi grand qu'un chien de taille moyenne. Toutefois, il faut jusqu'à cinq ans pour que l'animal atteigne cette taille. Par l'ouverture de sa coquille, il sécrète une substance chimique qui fait grossir la coquille à mesure que l'escargot à l'intérieur grandit.

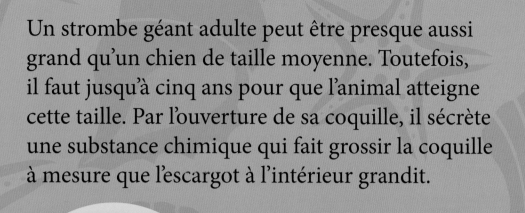

LE STROMBE EST AUSSI APPELÉ CONQUE.

PENDANT DES CENTAINES D'ANNÉES, LES GENS ONT SOUFFLÉ DANS LA COQUILLE DES STROMBES GÉANTS POUR S'APPELER LES UNS LES AUTRES.

QUELS SONS ENTENDS-TU À LA PLAGE?

VOICI D'AUTRES SORTES DE STROMBES.

STROMBE TAUREAU

STROMBE COQ

STROMBE COMBATTANT ANTILLAIS

STROMBE ARAIGNÉE GÉANT

LE PÉTONCLE CALICOT

Ce coquillage a des bords plissés.

Le pétoncle calicot a des yeux bleu vif sur les bords de sa coquille. Ces yeux ne voient pas aussi bien que les nôtres. Cependant, ils perçoivent les changements de lumière. Une ombre dans l'eau peut signifier qu'un prédateur est proche. Clap, clap! Le pétoncle calicot fait claquer sa coquille à plusieurs reprises pour repousser l'eau derrière lui afin de pouvoir s'enfuir.

ŒIL

TENTACULE

DE QUELLE COULEUR SONT TES YEUX?

LES TENTACULES SUR LES BORDS DE SA COQUILLE AIDENT AUSSI LE PÉTONCLE À SENTIR LE DANGER.

LE PÉTONCLE EST L'UN DES RARES MOLLUSQUES BIVALVES CAPABLES DE SE DÉPLACER RAPIDEMENT DANS L'EAU.

LES SECRETS DES COQUILLAGES

LES CÔTÉS DE LA CHARNIÈRE DU PÉTONCLE CALICOT SONT APPELÉS OREILLES.

OREILLES

FAITS
PÉTONCLE CALICOT

TYPE
bivalve

COULEUR
brun, doré, rose, avec des marques de couleur pourpre

TAILLE
environ aussi gros que le pouce d'un adulte

ON EN TROUVE
du sud-est des États-Unis Jusqu'au Brésil

LA FORME DES PÉTONCLES EST REPRODUITE DANS L'ART ET LE MOBILIER DEPUIS DES SIÈCLES.

La valve supérieure et la valve inférieure du pétoncle tiennent ensemble par une simple charnière. Le mollusque à l'intérieur ouvre sa coquille pour aspirer de l'eau. Il filtre l'eau pour retenir quelque chose de savoureux à manger, comme de minuscules animaux marins formant des microorganismes qu'on appelle zooplancton.

L'HUÎTRE PERLIÈRE À LÈVRES ARGENTÉES

Ce coquillage renferme parfois un petit trésor.

Pour rendre sa coquille plus solide, ce mollusque fabrique une substance appelée nacre avec laquelle il recouvre l'intérieur de sa coquille. Parfois, un petit morceau de nourriture ou de sable reste coincé à l'intérieur de sa coquille lisse. Le sable irrite le mollusque. Alors, il l'enduit de nacre lui aussi. Au fil du temps, le mollusque ajoute toujours plus de nacre, et une magnifique perle est formée!

CETTE HUÎTRE EST LA PLUS GRANDE DE TOUTES LES HUÎTRES PERLIÈRES.

FAITS

HUÎTRE PERLIÈRE À LÈVRES ARGENTÉES

TYPE
bivalve

COULEUR
brun grisâtre

TAILLE
entre la longueur d'une fourchette et la longueur du pied d'un adulte

ON EN TROUVE
dans le nord-ouest de l'Australie et en Indonésie

La coquille de cette huître est rugueuse et d'un gris terne à l'extérieur. En revanche, à l'intérieur, la coquille est lisse et a des reflets de plusieurs couleurs.

PRESQUE TOUS LES MOLLUSQUES BIVALVES, Y COMPRIS LES PALOURDES ET LES MOULES, PEUVENT PRODUIRE DES PERLES.

IL Y A DES PERLES DE DIFFÉRENTES COULEURS. LES HUÎTRES À LÈVRES NOIRES DONNENT GÉNÉRALEMENT DES PERLES NOIRES.

UN PLONGEUR OBSERVE LA COQUILLE D'UN TRIDACNE GÉANT.

LE PLUS GRAND TRIDACNE GÉANT JAMAIS TROUVÉ MESURAIT 1,3 M (4,5 PI) DE LARGEUR ET PESAIT 249 KG (550 LB)!

LE TRIDACNE GÉANT

Un tridacne géant peut peser plus qu'un homme adulte.

Quand il est jeune, le tridacne géant s'attache à un récif rocheux tropical. Il y restera toute sa vie. Cela peut vouloir dire très longtemps, car cette palourde vit parfois jusqu'à 100 ans!

FAITS

TRIDACNE GÉANT

TYPE
bivalve

COULEUR
la coquille est blanche ou grise, mais l'animal à l'intérieur peut être bleu ou vert

TAILLE
environ la taille de ta cuisinière

ON EN TROUVE
dans les océans Indien et Pacifique occidental

QUEL EST LE PLUS GROS ANIMAL QUI TE VIENT À L'ESPRIT?

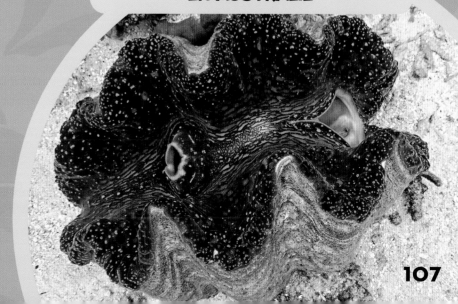

UN TRIDACNE GÉANT DANS LA GRANDE BARRIÈRE DE CORAIL, EN AUSTRALIE

107

Souvent, de toutes petites créatures marines comme les pouces-pieds s'accrochent à la grande coquille de cette palourde. Des milliards d'algues vivent à l'intérieur de sa coquille. Elles produisent la nourriture que mange le tridacne géant. Les algues donnent également à la palourde sa vive couleur verte ou bleue.

TRIDACNES GÉANTS AUX PHILIPPINES

Le tridacne géant garde généralement sa coquille ouverte pendant la journée. Mais s'il sent un danger, il la referme complètement.

TRIDACNE GÉANT DANS LA GRANDE BARRIÈRE DE CORAIL

VOICI D'AUTRES ESPÈCES DE PALOURDES.

PALOURDE « FAUSSE AILE D'ANGE »

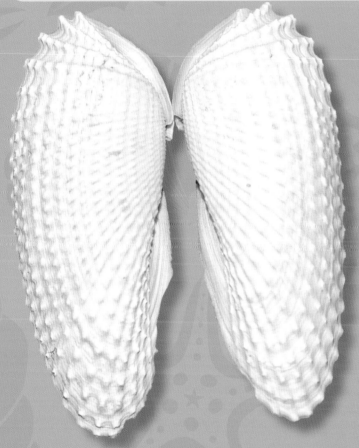

MACTRE

COUTEAU

CHAMA LAZARUS

LA BUCARDE-CŒUR DE VÉNUS

Ce coquillage est comme un valentin offert par la mer.

FAITS

BUCARDE-CŒUR DE VÉNUS

TYPE
bivalve

COULEUR
blanc, jaune ou rose

TAILLE
environ aussi longue que le pouce d'un adulte

ON EN TROUVE
en Indonésie

La bucarde est un type de palourde que l'on trouve généralement dans l'eau peu profonde ou enfouie dans le sable au bord de l'eau.

CETTE PALOURDE SE FIXE À DES SURFACES DURES À L'AIDE DE MINUSCULES FILS FABRIQUÉS À L'INTÉRIEUR DE SA COQUILLE.

CÔTÉ PLAT

La coquille de cette palourde a la forme d'un cœur. Un côté de la coquille est arrondi et strié. L'autre côté est plus aplati, et il est translucide, c'est-à-dire que la lumière peut passer à travers. La lumière aide les algues qui vivent à l'intérieur de la coquille à fabriquer de la nourriture pour la bucarde.

CÔTÉ ARRONDI

LA COQUILLE DE LA BUCARDE-CŒUR DE VÉNUS S'OUVRE PAR LE MILIEU.

LE NAUTILE FLAMMÉ

Cet animal est un proche parent des calmars et des pieuvres.

Le nautile flammé aime construire. En grandissant, il scelle la cellule dans laquelle il vivait avec une couche de coquillage. Puis, il construit une nouvelle cellule, ou chambre, plus grande. Les chambres se succèdent autour de la coquille en formant une spirale. Elles sont reliées l'une à l'autre par des tubes.

Le nautile utilise les chambres pour nager. L'animal tire l'eau à travers un tube et la pousse dans les chambres vides. Puis, il pousse l'eau vers l'extérieur. Quand l'eau en jaillit, le nautile recule.

FOSSILES DE NAUTILES

LE NAUTILE EXISTE SUR TERRE DEPUIS PLUS DE 400 MILLIONS D'ANNÉES.

FAITS

NAUTILE FLAMMÉ

TYPE
céphalopode

COULEUR
ivoire avec des rayures rougeâtres

TAILLE
environ la taille d'une tasse de thé; certains sont aussi grands qu'une assiette

ON EN TROUVE
dans l'océan Pacifique occidental

LE NAUTILE PEUT AVOIR JUSQU'À 90 TENTACULES. IL LES ENROULE AUTOUR DE SA PROIE ET TIRE ENSUITE LA NOURRITURE DANS SA BOUCHE.

COMBIEN DE TENTACULES PEUX-TU COMPTER SUR CE NAUTILE?

113

LE DENTALE

Ce coquillage ressemble à une défense d'éléphant.

L'animal qui se trouve à l'intérieur d'un dentale est un scaphopode. Il s'agit d'un autre type de mollusque.

Sa coquille est ouverte aux deux extrémités. Il sort son pied par la plus grande ouverture, l'enfouit dans le sable et allonge ses minces tentacules pour chercher de petits animaux à manger. Les tentacules apportent la nourriture dans sa bouche, qui est juste au-dessus de son pied.

Le mollusque pointe vers le haut l'extrémité étroite de sa coquille afin de filtrer l'eau vers l'intérieur et l'extérieur.

FAITS

DENTALE

TYPE
scaphopode

COULEUR
blanc, beige, vert, brun

TAILLE
environ aussi long qu'un grand trombone

ON EN TROUVE
partout, dans l'eau profonde et peu profonde

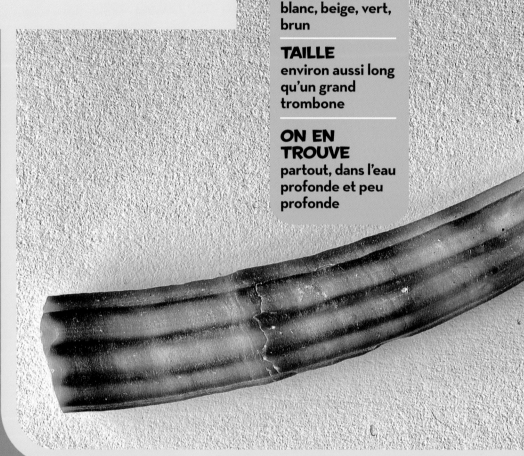

CE MOLLUSQUE PASSE PRESQUE TOUTE SA VIE LA BOUCHE DANS LE SABLE.

IL EXISTE AU MOINS 600 SORTES DE DENTALES. LA PLUPART SONT TRÈS PETITS.

DENTALES

CERTAINS AMÉRINDIENS UTILISENT LES DENTALES POUR FABRIQUER DES BIJOUX ET DES VÊTEMENTS SPÉCIAUX POUR DES CÉRÉMONIES.

DES COQUILLAGES EN ABONDANCE!

VOICI D'AUTRES MAGNIFIQUES COQUILLAGES QUE L'ON TROUVE SUR LES PLAGES DU MONDE ENTIER.

ORMEAU

FICUS

MOULE BLEUE COMESTIBLE

LES SECRETS DES COQUILLAGES

LUMACHELLE

OLIVIDAE

PATELLE COMMUNE

NÉRITES

117

CARTE À JOUER!

Cette carte montre où vivent certains des coquillages que tu as découverts dans ce chapitre. Avec le doigt, trace une ligne allant du nom du coquillage à l'endroit où il vit.

AMÉRIQUE DU NORD

SUD-EST DE L'AMÉRIQUE DU NORD

OCÉAN ATLANTIQUE

ÎLES DES CARAÏBES

AMÉRIQUE DU SUD

OCÉAN PACIFIQUE OCCIDENTAL

A. HUÎTRE PERLIÈRE À LÈVRES ARGENTÉES

B. BUSYCON ÉCLAIR

C. STROMBE GÉANT

D. POURPRE DE TYR

E. CÔNE GÉOGRAPHE

F. NAUTILE FLAMMÉ

G. BUCARDE-CŒUR DE VÉNUS

LES SECRETS DES COQUILLAGES

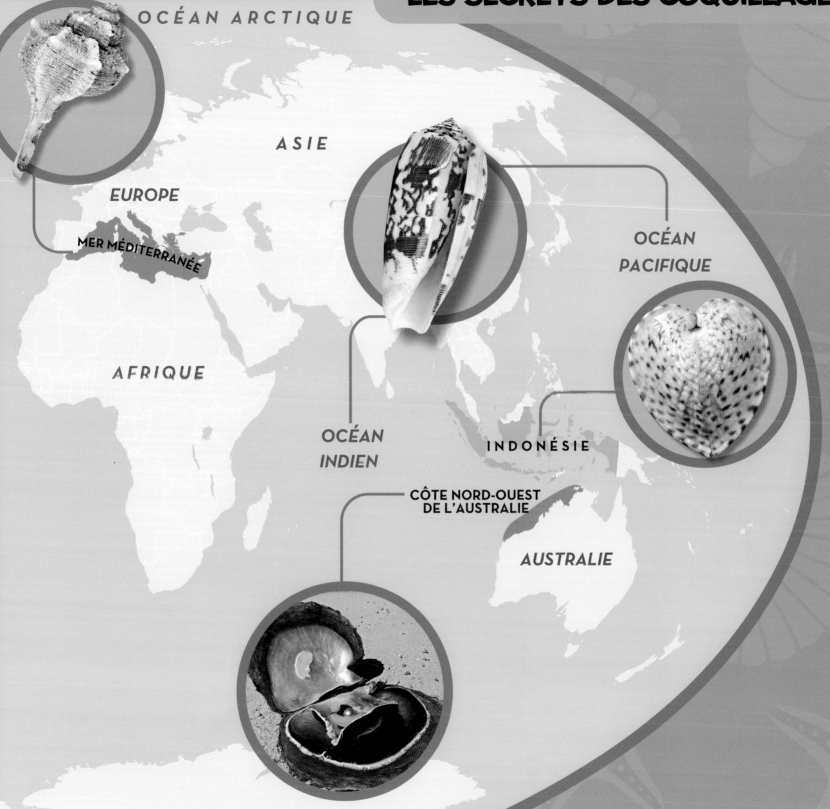

OCÉAN ARCTIQUE

ASIE

EUROPE

MER MÉDITERRANÉE

OCÉAN PACIFIQUE

AFRIQUE

OCÉAN INDIEN

INDONÉSIE

CÔTE NORD-OUEST DE L'AUSTRALIE

AUSTRALIE

ANTARCTIQUE

ROCHE, PAPIER, MARTEAU!

Les géologues sont des scientifiques qui étudient les roches. Ils peuvent te dire comment, quand et où les différents types de roches se sont formés. Voici quelques objets utilisés par les géologues lorsqu'ils cherchent des roches.

UN MARTEAU BRISE-ROCHE pour briser des morceaux de grosses roches et pour ouvrir les roches afin de voir à l'intérieur.

DES GANTS pour protéger les mains des morceaux de roche tranchants.

DES LUNETTES DE PROTECTION pour protéger les yeux des éclats de roches.

UNE BROSSE pour enlever la saleté des échantillons de roche.

UNE LOUPE pour voir les minéraux minuscules à l'intérieur des roches.

UN SEAU pour transporter les échantillons.

UN CAHIER ET UN CRAYON pour prendre des notes.

VINAIGRE BLANC

DU VINAIGRE pour aider à identifier des roches, car il pétille sur certains minéraux comme la calcite.

121

CONSEILS AUX PARENTS

Aidez votre enfant à poursuivre son apprentissage au-delà des pages de ce livre. Faites une promenade dans un parc ou allez visiter un centre de la nature. Repérez les grosses pierres et les rochers. Laissez votre enfant ramasser de petites pierres et des cailloux. Demandez-lui de comparer leur texture. Sont-ils rugueux ou lisses? Durs ou friables? De quelle couleur sont-ils? Regardez autour de vous et montrez à quels endroits on utilise couramment des roches et des minéraux chez vous, comme les allées, les cheminées, les comptoirs, et même dans votre salière. Et si vous avez l'occasion d'aller au bord de la mer, cherchez des coquillages et essayez de les identifier avec votre enfant. Voici d'autres activités que vous pouvez faire avec *Mon grand livre de roches, minéraux et coquillages* de National Geographic.

FORMES DES CRISTAUX
(OBSERVATION)

Répandez un peu de sel de table sur un morceau de papier de construction noir. Si vous avez du gros sel ou du sel marin, c'est encore mieux. Saupoudrez ensuite un peu de sable sur le papier noir. À l'aide d'une loupe, demandez à votre enfant d'observer les grains de sel. Ont-ils la forme de cubes ou ont-ils des angles prononcés? Regardez maintenant le sable. Est-ce qu'il a la même forme ou est-ce que les grains sont arrondis?

ROCHES À LA DOUZAINE
(ORGANISATION/ÉCRITURE)

Ramassez de petites roches de couleur, de dureté et d'éclat différents. Nettoyez-les, séchez-les et polissez-les avec un chiffon. Prenez une boîte à œufs vide. Déposez une pierre dans chaque creux. Avec ce livre et d'autres ressources, essayez d'identifier chaque roche. Puis, à l'aide de crayons de couleur et d'une feuille de papier, aidez votre enfant à écrire le nom des roches dans l'ordre dans lequel elles sont disposées dans la boîte à œufs. Découpez et collez le guide sur la partie supérieure de l'intérieur de la boîte à œufs.

CHÂTEAUX DE SABLE
(HABILETÉS MOTRICES)

La prochaine fois que votre enfant va jouer à la plage ou dans un carré de sable, encouragez-le à construire un château de sable. Commencez par faire une base et tapez-la pour comprimer le sable. Ensuite, remplissez des seaux ou des boîtes de sable humide pour créer des formes. Retournez-les sur la base afin de construire votre château. Faites remarquer les grains qui brillent. Serait-ce du quartz? Enfin, décorez le château de sable avec des coquillages et des galets.

GROS CAILLOU, PETIT CAILLOU
(MESURE)

Ramassez une dizaine de cailloux de tailles différentes dans votre cour ou votre quartier. Nettoyez-les et essuyez-les bien. Demandez à votre enfant de les placer du plus petit au plus grand sur une feuille de papier blanc. Puis, aidez votre enfant à tracer le contour de chaque caillou avec un crayon. Avec une règle, mesurez la partie la plus longue du contour et écrivez le résultat. Les cailloux sont-ils classés selon leur taille?

FAIRE DES FOSSILES
(SCIENCE)

Aidez votre enfant à mélanger 275 g (1 t) de sel, 240 g (2 t) de farine et 0,2 L (3/4 t) d'eau jusqu'à ce qu'une pâte se forme. Coupez la pâte en portions de la taille d'un poing, formez des boules et aplatissez-les comme des biscuits ronds. Demandez ensuite à votre enfant de presser des feuilles ou des coquillages sur les ronds de pâte. Mettez-les au four à 100 °C (200 °F) jusqu'à ce que la pâte soit sèche, soit de 45 à 60 minutes (laissez cuire plus longtemps les ronds plus épais). Vous pouvez aussi les laisser sécher à l'air libre pendant 24 heures; ils durciront d'eux-mêmes.

ROCHANIMAUX
(BRICOLAGE)

Trouvez plusieurs cailloux plats de différentes tailles. Aidez votre enfant à les nettoyer soigneusement, puis demandez-lui de peindre chaque caillou d'une couleur différente. Lorsque les cailloux sont secs, empilez-les pour former des animaux imaginaires et collez-les ensemble. Ajoutez des yeux et des queues en cure-pipes. Ou laissez votre enfant peindre des visages directement sur les cailloux. Soyez créatifs!

CLAC CLAC!
(EXERCICE)

Retournez à la section sur les palourdes et voyez comment elles mangent et se déplacent. Demandez à votre enfant de presser ensemble les paumes de ses mains et de les tenir parallèlement au sol. Demandez-lui de claquer des mains comme une palourde qui s'ouvre et se referme. Ensuite, demandez-lui de coller ses bras et de les étendre, en gardant les mains dans la même position. Maintenant, claquez à partir du coude, comme une palourde géante!

GLOSSAIRE

MONT ETNA EN ÉRUPTION, ITALIE, 2013

ALGUE : groupe d'organismes qui poussent généralement dans l'eau, comme le varech

ATMOSPHÈRE : mélange de gaz qui entoure une planète

CARRIÈRE : endroit où on extrait des pierres du sol

CÉPHALOPODE : mollusque avec une mâchoire et des bras ou tentacules, comme la pieuvre, le calmar, la seiche et le nautile

CRISTAL : façon dont se présente un minéral lorsqu'il se forme à l'intérieur d'une roche; parfois, ces formes se répètent

CROÛTE : couche externe de la Terre

ÉROSION : processus par lequel les sédiments sont déplacés d'un endroit à l'autre

ÉVAPORATION : transformation d'un liquide en vapeur ou en gaz

GÉODE : roche creuse et ronde dont l'intérieur est souvent tapissé de cristaux

GÉOLOGUE : scientifique qui étudie les roches

IRIDESCENT : qui présente les couleurs de l'arc-en-ciel

LAVE : roche fondue qui arrive à la surface de la Terre

MAGMA : roche chaude et liquide qui se forme à l'intérieur de la Terre et en sort sous forme de lave

MINE : fosse ou tunnel d'où on extrait des minéraux

MINÉRAL : substance solide naturelle, non vivante, qui a une structure cristalline définie

MOLLUSQUE : animal avec un corps mou non segmenté, comme un escargot

PLAQUE TECTONIQUE : morceau gigantesque de la croûte terrestre qui se déplace ou bouge très lentement au fil du temps

PROBOSCIS : organe long et tubulaire, semblable à un tronc

PROIE : animal qu'un prédateur chasse pour se nourrir

RADULA : langue avec de minuscules dents qui aident le mollusque à gratter et à couper la nourriture

ROCHE IGNÉE : roche formée par le refroidissement d'une roche liquide très chaude appelée magma

ROCHE MÉTAMORPHIQUE : roche formée par la chaleur et la compression ou par la pression

ROCHE SÉDIMENTAIRE : roche qui se forme lorsque de nombreux petits morceaux d'autres roches sont collés ensemble

SCAPHOPODE : groupe de mollusques qui ont une coquille en forme de cône, semblable à une défense d'éléphant, ouverte aux deux extrémités

STALACTITE : roche en forme de glaçon formée lorsque de l'eau riche en minéraux s'égoutte du plafond d'une grotte

STALAGMITE : colonne de roche effilée qui se forme sur le sol d'une grotte

SUBSTANCE CHIMIQUE : substance physique ayant ses propres propriétés particulières

TRANSLUCIDE : décrit quelque chose qui n'est pas complètement transparent mais qui permet à la lumière de passer

VENIN : poison que certains animaux transmettent par morsure ou piqûre

PÉPITES D'OR

GÉODE D'AMÉTHYSTE

INDEX

Les photographies sont indiquées en caractères **gras**.

RÉFÉRENCES PHOTOGRAPHIQUES

À Bernice et Brenna, mes brillantes copines de fouilles, merci! — M.R.D.

L'éditeur tient à remercier Steve Tomecek pour son expertise et ses conseils.
Un grand merci également à Grace Hill Smith, chef de projet, à Michelle Harris, chercheuse, et à Sharon Dortenzio,
éditrice photo, pour leur aide précieuse dans la réalisation de ce livre.

Depuis 1888, National Geographic Society a financé plus de 12 000 projets de recherche scientifique, d'exploration et de préservation dans le monde. La société reçoit des fonds de National Geographic Partners, LLC, provenant notamment de votre achat. Une partie des produits de ce livre soutient ce travail essentiel. Pour plus de renseignements, veuillez vous rendre à natgeo.com/info.

Catalogage avant publication de Bibliothèque et Archives Canada

Titre: Mon grand livre de roches, minéraux et coquillages / Moira Rose Donohue ; texte français du Groupe Syntagme.
Autres titres: Little kids first big book of rocks, minerals, and shells. Français
Noms: Donohue, Moira Rose, auteur.
Collections: National Geographic kids.
Description: Mention de collection: National Geographic Kids | Traduction de : Little kids first big book of rocks, minerals, and shells. | Comprend un index.
Identifiants: Canadiana 20210318392 | ISBN 9781443193504 (couverture rigide)
Vedettes-matière: RVM: Roches—Ouvrages pour la jeunesse. | RVM: Minéraux—Ouvrages pour la jeunesse. | RVM: Coquillages—Ouvrages pour la jeunesse.
Classification: LCC QE432.2 .D6614 2022 | CDD j552—dc23

Édition publiée par les Éditions Scholastic,
604, rue King Ouest, Toronto (Ontario) M5V 1E1
avec la permission de National Geographic Partners, LLC.

5 4 3 2 1   Imprimé en Chine 38   22 23 24 25 26

Conception graphique : Eva Absher-Schantz

ÉMERAUDE BRUTE